Pier Pietro Brunelli

CARNEVALE COME CURA DELL'OMBRA COLLETTIVA
Nella società, in analisi e in psichiatria

Elementi per un intervento
carnevalesco nelle
comunità del disagio psicosociale

Pier Pietro Brunelli©

CARNEVALE COME CURA
DELL'OMBRA COLLETTIVA
Nelle comunità, in analisi e in psichiatria

Elementi per un intervento carnevalesco nelle comunità del disagio psicosociale

Milano, Lulu/Albedoimagination 2016

CONTENUTI

Carnevale festa della follia
Cenni storici e psicoculturali - p. 7

Carnevale al CPS
Il caso di un intervento di animazione carnevalesca, presso il Centro Psicosociale diurno di un' Azienda Ospedaliera a Milano - p.30

Dedicato a MARCO CAVALLO

Marco Cavallo è un grande cavallo azzurro di legno e cartapesta costruito nell'Ospedale Psichiatrico di Trieste nel 1973. E' diventato simbolo dell'inarrestabile processo di cambiamento iniziato con la Legge 180 (ispirata e voluta con tutte le forze dal grande psichiatra Franco Basaglia). Questo cavallo azzurro – che fa pensare ad un carro carnevalesco, giacché ha effettivamente guidato cortei liberatori e festanti – è diventato anche simbolo della libertà riconquistata dagli internati negli ospedali psichiatrici, nei campi profughi, negli ospizi, nelle carceri e in tutte le istituzioni totali. Nell'Ombra dell'inconscio collettivo - come nelle accecate e pregiudizievoli convinzioni consce - le 'istituzioni totali', coercitive e punitive si configurano con aspetti oscuri, liberticidi e disumanizzanti, quali 'gabbie interiori' e psicoculturali che imbrigliano la vita e i desideri della comunità e di ciascun individuo. Tutti abbiamo bisogno di un Marco Cavallo interiore, e ci sono molti buoni motivi per considerarlo anche come figlio archetipico del Carnevale: una festa liberatoria e catartica che propizia lo spazio sociale come bene comune, e che, attraverso la sua saggezza popolare', ci fa riflettere sulle follie della ragione e le ragioni della follia.

Carnevale festa della follia.
Cenni storici e psicoculturali

Nella tradizione medievale il Carnevale è la 'festa dei pazzi' per antonomasia (*festum stultorum*), celebrata persino nelle chiese, poiché, evidentemente, l'austera dottrina cristiana doveva scendere a patti con un'impulsiva voglia popolare di trasgressione liberatoria[1].

C.G. Jung nel suo saggio sulla figura psicologica del "Briccone" esamina l'usanza medievale di celebrare le feste carnevalesche anche in chiesa, e riporta la seguente citazione tratta dal *Glossarium mediae et infimae latinitatis* di Du Cange:

"Proprio al momento del servizio divino, uomini con il volto ricoperto da maschere grottesche o travestiti da donna, da leone o da attore, eseguivano danze e cantavano nel coro canzoni indecenti; mangiavano piatti grassi appoggiandosi all'altare, accanto al prete che celebrava la Messa; giocavano ai dadi, incensavano il tempio con fumo ottenuto bruciando le vecchie suole di scarpe, corre-

---

[1] Per approfondimenti di carattere psicoculturale segnalo i miei scritti *Carnevale e Psiche*, Moretti & Vitali, 2008 e *Carna e il Carnevale delle donne*, Lithos, 2012.

vano e saltavano per tutta la chiesa" (Du Cange, 1733-36 citato da Jung).[2]

La 'pazzia carnevalesca' è quindi da intendersi come un temporaneo sovvertimento di regole, ruoli interpersonali, canoni religiosi e della civiltà, in nome di una spontanea e propiziatoria ludicità collettiva. Per dirla con un grande studioso della semiotica e della logica come C.S. Peirce, il Carnevale appare come una festa che impiega in modo simulacrale la pazzia contro il "fissarsi della credenza"[3].

La pazzia è una sciagura, ma per molti aspetti è anche una forza straordinaria. Un pensiero che va da Platone ad Erasmo da Rotterdam, fino a Nietzsche e a diversi movimenti di pensiero artistico del XX secolo, ricava dalla follia una sorta di invasamento illuminante, una capacità di vedere 'oltre la ragione'.[4]

---

[2] 1954 "Psicologia della figura del Briccone", ora in *C.G. Jung*, *Opere. Gli archetipi e l'inconscio collettivo*, Vol. 9*, Torino, Bollati Boringhieri, 2000, p.249.

3 Secondo Peirce il "fissarsi della credenza" deriva dall'angoscia del dubbio che minaccia ad ogni passo l'esistenza umana. Una indolente e illusoria serenità sarebbe conquistata grazie ad interpretazioni ed abiti considerati assodati e quindi veritieri, ma che in realtà sono in buona parte credenze e pregiudizi rassicuranti (vedi Bonfantini, M. A. 2003 *Peirce. C. S., Opere*, Milano, Bompiani).

4 In un certo senso la 'pazzia' è il mito liberatorio dell'arte contemporanea che ha un suo precedente nei movimenti romantici e decadenti dell'800. Ma è soprattutto con le avanguardie artistiche e teatrali, che il tema della pazzia viene espresso

Del resto la storia dimostra come l'umanità sia ostaggio di una 'pazza ragionevolezza', così che, in nome della ragione, la pazzia della 'normatizzazione' castrante e obnubilante prende il sopravvento.

A *rigor di logica*, si dovrebbe considerare 'pazzia collettiva' quella componente psicoculturale dell'umanità da cui consegue la distruzione della natura, la fame, la messa a punto e l'impiego di armi micidiali – effetti collaterali di una concezione egoistica e falsamente ragionevole del 'progresso'. Si tratta di una dimensione sociopatologica che affonda le sue radici anche nella responsabilità individuale di chi detiene le leve dei poteri politici, economici e militari. Il Carnevale ha una sua coscienza ribellistica che, attraverso la 'pazzia festosa' dei dominati, mira a stigmatizzare e a denunciare la 'pazzia dei dominanti'. Il Carnevale dunque esalta ludicamente gli aspetti trasgressivi e liberatori di un'euforizzante pazzia compensatoria. Non è solo un gioco scherzoso, è anche un'indicazione affinché credenze e convinzioni sclerotizzate da pregiudizi e ipocrisie collettive possano essere fluidificate ed elaborate. Perciò attraverso un dionisiaco stato di 'controllata' ebbrezza collettiva, la comunità fa festa riconoscendosi in un conviviale desiderio di creatività, solidarietà e libertà.

---

con intenti rivoluzionari e di sovversione, in termini estetici, culturali ed anche politici. Si può dire che i movimenti futuristi, dadaisti e surrealisti hanno espresso una loro differente modalità estetico-ideologica nel confrontarsi con le poetiche oltraggiose, beffarde e insurrezionali del 'carnevalesco' e della 'follia'.

La messa in scena 'socioterapeutica' della follia a Carnevale è consentita da un vigile principio coscienziale artemideo, che congiunge ombra e luce, nella magia salutare della natura e della luna, nella danza e nella festa. Ecco che a Carnevale la stramberia che innesta il ridicolo nel male è in 'ragione' di un riso nel quale riecheggia la pazzia, la perdita del senno – non per la conquista di una felice regressione rimbecillente, ma per esprimere una sorta di popolare *Elogio della follia* (Erasmo).

A Carnevale il detto *risus abundat in ore stultorum* (Menandro) non viene rinnegato, in quanto la follia, purché transitoria, consentirebbe una liberatoria esperienza di saggezza popolare rispetto alle ipertrofie della coscienza e del suo Re, tendenzialmente dittatore: il Super-Io. Dunque, si tratterebbe non tanto di una saggezza del riso in sé, quanto della derisione della saggezza stessa quando questa si sclerotizza, e non consente più il fluire trasformativo e trasgressivo della psiche, e quindi neppure 'il genio della follia'...

Di certo vi è un qualche crocevia nel quale pazzia, genio e creatività si incontrano, così come si incontrano pazzia e amore, pazzia ed entusiasmo, pazzia e preveggenza (qui il riferimento più 'classico' va ai doni della divina follia di cui parla Platone nel *Fedro*). Vi sono poi punti di vista che denunciano le negatività dei regimi dominanti e della connivenza delle 'maggioranze silenziose'. In tal senso la follia esprime un 'sapere altro' che i poteri dominati te-

10

mono, e perciò mirano a controllare e a demonizzare. Dice Michel Foucault:

La follia non deve più iscriversi nella negatività dell'esistenza, come uno dei suoi aspetti più scossi, ma prender posto progressivamente nella positività delle cose conosciute.[5]

Dunque, sono molti i motivi dotti e appassionati che invitano ad integrare follia e sapere, ragione e sragione; il Carnevale è una tradizione che rende chiaro ed esplicito tale invito, proponendo una sorta di 'ragionevole festa della pazzia'. Foucault esamina in particolare come nel XVII secolo, in nome di una malsana ragione si ammassavano in strutture multiuso - in quanto manicomi/carceri/fabbriche - malati di malattie veneree, poveri, omosessuali, prostitute insieme a lunatici, bestemmiatori, imbecilli, furiosi, insensati ed anche nemici politici ed eretici. I poteri dominanti – statali ed ecclesiastici - avevano messo a punto modelli di pensiero e strutture coercitive e di sfruttamento totale, ove recludere le persone 'malate e problematiche' in base ad un registro 'diagnostico' assolutamente folle. La "grande reclusione" di massa caratterizzò l'inizio urbanizzante dell'età pre-industriale, sotto un occhio clinico demonizzante della 'malattia mentale', volto a distorcere lo sguardo da ingiustizie, sfruttamento e fame.

---

[5] Foucault, M. 1963 *Storia e la follia nell'età classica*, Milano, Rizzoli, p. 375

L'avvento della ragione illuminista non ha poi permesso di sviluppare un nuovo sguardo sulla malattia mentale come portarice di una 'saggia arazionalità'. Per quanto quella 'ragione' abbia liberato da moralismi e superstizioni, essa si è poi rivelata accecante e prepotente al fine di giustificate guerre, dittature, e crimini politici. La *ratio assolutista* ha quindi sviluppato una sua ombra irrazionale, dando inizio ad una tragedia storico-culturale che si protrae nei mali terminali del mondo fino ad oggi; perciò viene da dire che seppur il *sonno della ragione genera mostri* è pur vero che accade altrettanto quando non si dorme mai, non si sogna e non si patologizza.

Differente era lo statuto della follia ancora ai tempi di Erasmo che, con il suo già citato *Elogio della follia* (1509), sembra ricollegarsi ad un'antica visione mitica e sciamanica: quella del folle come portatore della verità. Ma con la modernità il folle diventa soltanto il 'furioso' da rinchiudere e perde il suo antico *ethos* profetico, di colui che é in contatto con la divinità, con le forze occulte e magiche, colui che in alcune società primitive veniva venerato come una sorta di ponte tra la comunità e l'inconscio collettivo.

Possiamo considerare le provocazioni ed i capovolgimenti del Carnevale come un'esperienza collettiva della 'follia insita nella ragione' e della 'ragione insita nella follia'. In ciò si può individuare un inse-

12

gnamento di saggezza, di pace, di umanità, ma più umilmente si deve constatare una necessità di 'patologizzazione', e in particolare un bisogno dell'anima collettiva di scendere agli inferi per trarne fertilità e rigenerazione (come Demetra che discese agli inferi per cercare la figlia Persefone rapita da Ade).

L'imponderabilità del Carnevale sta nella sua stessa natura; esso celebra il tempo intercalare: la 'terra di mezzo' in cui si confondono i 'misteri del buffo e del *tremendum*' e le coordinate della ragione si intersecano con quelle della follia.

Il Carnevale mette in rilievo 'positivamente' gli aspetti negativi dell'Ombra collettiva, quindi mette in luce il 'male' che per *ragioni di potere*, invece di essere elaborato viene occultato e rimosso sotto manipolatorie maschere moralistiche di facciata. Carnevale rovescia queste maschere opportunistiche ed ipocrite, e irride collettivamente a ciò che nella beffa ormai non possono più nascondere.

René Guénon osserva che il senso del Carnevale consiste nel "canalizzare" le tendenze inferiori e pericolose per la società, al fine di: "renderle il più possibile inoffensive, dandogli l'occasione di manifestarsi, ma solo per periodi brevissimi e in circostanze ben determinate".[6] Quindi Guénon così riassume il senso del Carnevale e della maschera carnevalesca:

---

[6] Guénon, R. 1962 *Simboli della scienza sacra*, Milano, Adelphi, 1992 2° ed. p.134

[...] le maschere di carnevale sono generalmente orride ed evocano il più delle volte forme animali e demoniache, tanto da essere quasi una sorta di 'materializzazione' figurativa di quelle tendenze inferiori, o addirittura 'infernali', cui è permesso così di esteriorizzarsi. Del resto, ognuno sceglierà naturalmente fra queste maschere, senza neppure averne una chiara coscienza, quella che meglio gli conviene, cioè quella che rappresenta quanto è più conforme alle sue tendenze, sicché si potrebbe dire che la maschera, che si presume nasconda il vero volto dell'individuo, faccia invece apparire agli occhi di tutti quello che egli porta realmente in se stesso, ma che deve abitualmente dissimulare (ibidem).

La elaborazione collettiva dell'Ombra attraverso simboli, miti e riti del Carnevale consente una 'presa di coscienza dell'Ombra individuale e collettiva, e ciò acquisisce un senso psicoculturale e sociale terapeutico, che ciascun membro della collettività ha la possibilità di partecipare e di cogliere, a prescindere dal ceto sociale, dalla cultura e dalla moralità. Spiega Carl Gustav Jung:

In ogni circostanza è sempre un vantaggio poter disporre pienamente della propria personalità. In caso contrario i contenuti rimossi non fanno che riemergere altrove ostacolando il cammino: e riemergono non già in momenti insignificanti, ma proprio nei punti più sensibili. Se però gli uomini vengono educati a intendere chiaramente il lato ombra della loro natura, è sperabile che possano comprendere meglio anche i loro simili e cominciare ad amarli. Meno ipocrisia e maggior conoscenza di sé non possono che agire beneficamente ai fini di una migliore considerazione del nostro prossimo; siamo troppo proclivi a trasferire sui nostri simili l'ingiustizia e la violenza a cui sottoponiamo la nostra stessa natura.[7]

Dare la possibilità all'Ombra collettiva di rappresentarsi consente di integrarla attraverso una sua 'com-prensione' tradizionalmente e socialmente elaborata.

Come osserva l'etnologo Alfonso Di Nola, nella rappresentazione carnevalesca sono diagnosticabili 'quadri clinici' francamente psicopatologici, ma il loro scopo è quello di rappresentare all'Ombra individuale e collettiva in una dimensione conviviale di liberatorio 'decontrollo controllato e autogestito dalla comunità':

[...] fenomeni di trasgressione/liberazione, con annullamento del modello corrente e quotidiano emergono anche nell'area dei disturbi nevrotici/psicotici. Il mascheramento (identificarsi testualmente o anche negli abiti con un personaggio illustre), l'esibizionismo sessuale, la rottura del linguaggio normale, ecc. sintomatizzano un arco molto ampio di disturbi presenti nei deliri di grandezza, nelle paranoie, nelle sindromi persecutive, nelle idee fisse, ecc. Questi paralleli consentono di spiegare perché il carnevale (o le feste parallele) assumono carattere e nome di "feste dei pazzi" o dei folli. L'analogia con i livelli psicopatici consente di trovare, nelle feste e nelle sindromi, il medesimo e unico bisogno di destrutturate le categorie del reale e i sistemi di logica: con la fondamentale differenza che le manifestazioni carnevalesche collet-

---

[7] Jung, C.G. *Psicologia dell'inconscio*, 1943, Torino: Boringhieri, 1983 5^ed - p.48

tive hanno un codice socialmente decifrabile e si calano in un tempo obbligato calendariale o occasionale, laddove manifestazioni psicopatiche hanno un codice collettivamente decifrabile e risolvibile soltanto in sede di analisi amnestica e, inoltre, debordano ogni limite di tempo obbligato.[8]

Nei termini di una 'terapia psicoculturale' il Carnevale può essere ben riferito a quanto scrive lo etnopsichiatra Piero Coppo sulla "ritualizzazione della devianza":

Per arginare le minacce di disfacimento, le culture hanno dispositivi capaci di assimilare, neutralizzandolo, ciò che rischierebbe di introdurre disordine nell'ordine: ne è un esempio la ritualizzazione della devianza [...] che comprende una grande varietà di manifestazioni e protocolli, dai carnevali alle terapie[...]. Ogni cultura sta in equilibrio tra colto e incolto, tra organizzazione e caos. Non cessa di lavorare i limiti, dove si susseguono esplorazioni e sperimentazioni a opera di singoli e gruppi. Ha un piede da una parte e uno dall'altra, posizione necessaria per gli umani. Se essi si sbilanciano troppo verso l'ordine, perdono contatto con le sorgenti caotiche della forza vitale, con le radici immerse nella trasmutazione perenne: allora inaridiscono, si riducono a macchina e muoiono. Se invece si sbilanciano troppo verso l'incolto,

---

[8] Di Nola, A. 1987 "Carnevale e trasgressione" in Dini, V. (a cura di) 1986 *Cultura del Carnevale e della festa. Tempo, corpo, maschera, infelicità*, Bologna, Il lavoro editoriale, pp. 48-49

ne sono invasi e perdono il necessario contatto con l'ambiente e ogni possibilità di controllo sul divenire.[9]

Il Carnevale dunque può essere considerato non solo come ispiratore di principi curativi, ma anche come evento di animazione 'arteterapeutica' da impiegarsi nell'ambito di determinate situazioni gruppali e di comunità ove è centrale il problema della devianza. Tuttavia la devianza è una questione che riguarda anche la società nei confronti degli individui, nel senso delle ingiustizie e delle sofferenze che gruppi di persone e a volte interi popoli devono sopportare a causa delle contraddizioni politiche ed economiche. Il riferimento più evidente va ai profughi e ai rifugiati i quali, nonostante il pietismo di facciata, sono considerati quasi sempre come un problema da contenere e da respingere, piuttosto che come la conseguenza economica politica e sociale di un'Ombra collettiva che si ammorba di ignavia, intolleranza e dominazione fondata sulla prepotenza delle armi e dei profitti.

Il Carnevale dunque può diventare una occasione di incontro umano rigenerativo nell'ambito di tutte quelle situazioni in cui il male in quanto malattia, devianza, ingiustizia, delinquenzialità, deve essere elaborato e non può essere rimosso nell'Ombra. Questo 'male diffuso', mentale e culturale, personale e collettivo, interiore ed ambientale, per essere

---

[9] Coppo, P. *Tra psiche e cultura. Elementi di etnopsichiatria*, 2003, Torino, Bollati Boringhieri, pp. 121-122.

affrontato in modo terapeutico, nella collettività e nell'individuo, ha bisogno di un suo momento carnevalesco, di una sua creativa emersione dal mondo infero. Esso si rappresenta nelle maschere brutte o ambiguamente belle del carnevale, nelle sue licenze scurrili e beffarde, nella sua corpulenta e pantagruelica animalità, nell'affermarsi collettivo del 'principi del piacere' (cibo e sesso), così come nelle sue usanze e ritualizzazioni corribantiche, teatrali, leggendarie, ludiche, clownesche, danzanti e canore...

Secondo Carlos Baroja – celebre studioso del Carnevale – questa grande tradizione popolare, può essere indagata fruttuosamente per approfondire l'elaborazione delle contraddizioni sociali e conflitti della psiche:

Il potersi mascherare ha permesso all'essere umano, uomo o donna che sia, di cambiare carattere per alcuni giorni o per alcune ore [...] a volte persino di cambiar sesso. Ribaltamenti di ogni sorta, "introiezioni", proiezioni ed altre devianze, oggetto ai giorni nostri dell'interesse degli psicologi e degli psicanalisti, potrebbero probabilmente venire spiegati alla luce delle licenze carnevalesche (Baroja: 20-21)[10].

Baroja invita a riflettere su tutto ciò che la psicologia può comprendere del Carnevale, ma anche su ciò che da esso può 'apprendere'. Si tratta allora di indagare su molteplici questioni, come ad es. il riso,

---

[10] Baroja, C. 1965 *Il Carnevale*, Genova, Il Melangolo, 1989, pp. 20-21

il sesso, il gioco, i lati oscuri dell'essere umano, dal diabolico alla follia. Ma il punto è anche acquisire consapevolezza dei fattori 'psicoterapici' del Carnevale e di come possono essere rivalorizzati, e impiegati a favore delle comunità, nella psicoterapia individuale e nelle realtà del disagio e di cura della malattia mentale e sociale.

Nei termini della 'psichiatria psicodinamica' di matrice freudiana possiamo considerare come 'maturi', cioè non nevrotici o psicotici, quattro tipi di 'difesa': *la repressione, l'altruismo, la sublimazione, l'umorismo* (vedi Gabbard)[11]; ebbene le ritroviamo anche nel Carnevale.

La difesa matura, che è carnevalesca per eccellenza, è senz'altro l'*umorismo*, inteso soprattutto - sempre secondo Gabbard - come "la capacità di prendere in giro se stessi e la situazione in cui ci si trova" (ibidem).

La *repressione*, vale a dire: "[...]il bandire consciamente (diversamente dalla rimozione che è inconscia) dalla propria mente pensieri o sentimenti inaccettabili"(ibidem), è praticata a Carnevale grazie ad un'atmosfera estetica e polisensoriale che cattura l'attenzione e distrae dalle problematicità, ma anche attraverso l'imperativo coscienziale di scacciare ogni forma di tristezza e di malinconia.

---

[11] Gabbard, G. O. 1994 *Psichiatria psicodinamica*, Milano, Cortina, 1995, 2° ed. pp..29-31

L'*altruismo* nel senso di privilegiare la convivialità e il godimento collettivo della festa, è esaltato con comportamenti concreti di diversa natura (non solo rappresentativi), ed anche mettendo alla berlina sentimenti e comportamenti egoistici.

La *sublimazione*, intesa come: "[…] un processo inconscio tramite il quale pulsioni o desideri inaccettabili per la coscienza vengono incanalati in alternative socialmente accettabili"(ibidem) viene anch'essa messa in atto a Carnevale, soprattutto in termini di creatività e di ludicità generalizzate.

Dunque, soprattutto sotto la protezione dell'umorismo, e delle altre 'difese mature' ora accennate, l'Es può fare il suo ingresso a Carnevale, liberando creativamente (con la connivenza dell'Io e del Super Io) i suoi impulsi che, normalmente, risulterebbero inaccettabili. In tal senso Carnevale appare come un fenomeno collettivo di emersione controllata dell'inconscio nella coscienza, con uno scopo catartico-liberatorio che non è ascrivibile solo alla funzione di 'valvola di sfogo', ma anche a quella di 'training collettivo' per l'esercizio e lo sviluppo delle "difese mature".

Un fattore assai significativo del Carnevale, e poco esplorato in termini psicoculturali, consiste nella sua simbolicità al femminile[12]. Carnevale è forse l'unica tradizione popolare in cui la misoginia viene capovolta e il potere maschile viene messo in ridicolo. Il

---

[12] Vedi P. Brunelli, *Carna e il Carnevale delle donne*, 2012 op.cit.

negativo della follia, biblicamente connaturato ad una sorta di archetipica diabolicità del femminile, viene trasformato in una forza emancipatrice, che destruttura ruoli, inibizioni e tabù sessuali. La mortificante condizione storica del femminile, si emancipa non soltanto come sfogo momentaneo, ma perché il Carnevale tradizionale prevedeva una lunga preparazione durante la quale le donne potevano incontrarsi al di fuori della famiglia, socializzare e solidarizzare. Dunque anche gli aspetti mitici e simbolici di una femminilità liberatoria e propiziatoria, ci fanno comprendere il senso 'psicosocioterapeutico' del Carnevale.

La follia del Carnevale osservata nei termini del dionisiaco viene solitamente fatta risalire alla follia orgiastica delle scatenatissime menadi, o baccanti, travolte dalla furia entusiastica dei sensi. Ma un aspetto del femminile carnevalesco poco esplorato, sta nelle sue tradizionali 'ragioni' salubri e di saggezza ispirativa, le quali, in termini psicomitologici possono essere riferite ad Artemide, Ecate e le ninfe, e quindi alla natura e alla magia del notturno e della luna. Questi miti del femminile esprimono la capacità di elaborare energie profonde, attraverso processi di destrutturazione e ristrutturazione creativi, lungo un *continuum* armonizzante che è riconoscibile anche nella *coniunctio* Carnevale-Quaresima. Dunque, il principio femminile del Carnevale è presente non soltanto in termini di trasgressione liberatoria, ma in modo più coscienziale come *sapientia*, la quale si esprime in termini di tradizione popolare per il

21

benessere fisico e psicologico di tutti i membri della comunità.

Il *continuum* Carnevale-Quaresima – concertato dal sapere ctonio e lunare artemideo - esorta a vivere *naturalmente* il simbolico come compensazione rispetto alle deficienze della ragionevolezza, alle presunzioni della virtù', alle falsità della normalità, al fine di preservare la salute *ecopsicocorporea* dell'individuo e della comunità. Ciò comporta una 'cultura attiva' che consenta di 'fare anima' ed anche di patologizzare in funzione preventiva e rigenerativa rispetto ai danni psicoambientali ed organici provocati da un concretismo banalmente materialista, dall'ignavia della *normosi*[13] e da ogni avvilente egoismo narcisistico e della 'società antisociale'.

L'eccesso energetico ed anarchico del Carnevale non si esaurisce in se stesso, esso ha una sua dialettica con la norma, che potremmo indicare alchemicamente come *solve et coagula*, quale effetto della lotta Carnevale-Quaresima. Questa non va vista solo come il restaurarsi del regime in seguito alla

---

[13] La "normosi" – temine introdotto da Jacques Vigne *Éléments de psychologie spirituelle*, Albin Michel, 1993 - è considerabile come una condizione che sta sul limite tra nevrosi e psicosi, ma in modo differente dal borderline, in quanto seppure il soggetto soffre per un'incapacità di esperire la relazione ed individuarsi, scegliere la sua soggettività, risulta essere iperadattato, indifferente, qualunquista, spesso alessitimico, come in una dimensione tristemente limitrofa ad un'esistenza mancata, ma anche inespressa e de-umanizzante. Il Carnevale 'autentico' è considerabile come un potente 'antinormotico'.

strategica apertura di una momentanea 'valvola di sfogo' ma come l'esperienza collettiva di armonizzare l'Ombra al Sé verso la rinascita pasquale. E' quindi piuttosto limitato considerare la Quaresima solo come una modalità di restaurazione conservatrice, e quindi come tempo del pentimento dei peccati commessi nel tempo del Carnevale. La Quaresima è invece la naturale prosecuzione-conversione dello stato eccitatorio ed estroverso del Carnevale ad uno stato introverso e di quiete fecondante. Si tratta di un 'movimento energetico' che è magico e naturale, che ha una sua corrispondenza mitica nell'immagine delle ninfe notturne che fanno festa intorno ai fuochi e danzano alla luna, per poi ritirarsi nelle selve, presso le salubri sorgenti di vita. E' in questo notturno carnevalesco, nel suo inquieto scintillare di luci e colori che la sapienza delle ninfe modula la follia menadica, curandola e traendone cura.

La psiche e la filosofia del Carnevale si confronta con l'ambivalenza di tutte le opposizioni cruciali dell'esistenza: follia-ragione, anima-corpo, morte-rinascita, bene-male. A tale riguardo Carnevale esprime simbologie del rovesciamento dissacrante, nonché di sospensione di ogni unilateralità per quanto possa apparire ragionevole. In tal senso Carnevale è una tradizione non soltanto liberatoria, ma di presa di coscienza ed integrazione degli aspetti inferi e oscuri dell'inconscio collettivo.

Così, Bachtin individua nel Carnevale simbologie e pratiche volte a rielaborare gli aspetti più 'bassi' della natura umana, i quali hanno però i loro principi vivificanti nella corporeità:

L'alto è il cielo; il basso è la terra; la terra è il principio dell'assorbimento (la tomba, il ventre) ed è nello stesso tempo quello della nascita e della resurrezione (il seno materno). E' questo il valore topografico dell'alto e del basso nel loro aspetto cosmico. Sotto l'aspetto propriamente corporeo, che non è mai del tutto separato con precisione dall'aspetto cosmico, l'alto è il volto (la testa), il basso gli organi genitali, il ventre e il deretano. E' con questi significati assolutamente topografici che ha a che fare il realismo grottesco, ivi compresa la parodia medievale. L'abbassamento consiste, in questo caso, nell'avvicinamento alla terra, come principio che assorbe e *nello stesso tempo* dà la vita; abbassando si seppellisce e nello stesso tempo si semina, si muore per nascere in seguito meglio e di più. L'abbassamento significa anche iniziazione alla vita della parte inferiore del corpo, quella del ventre e degli organi genitali e, di conseguenza, di iniziazione ad atti come l'accoppiamento, il concepimento, la gravidanza, il parto, il mangiare voracemente e il soddisfare le necessità corporali. L'abbassamento scava una tomba corporea per una *nuova* nascita[14] (Bachtin).

La "tomba corporea", il "basso", gli istinti e la pulsionalità di cui parla Bachtin hanno con tutta evidenza una loro dimensione psichica e, anzi, in un

---

[14] Bachtin, M. 1965 *L'opera di Rabelais e la cultura popolare. Riso, carnevale e festa nella tradizione medievale e rinascimentale*, Torino, Einaudi, 1979, p.26.

certo senso si tratta di immagini e di esperienze vitali che più di tutte sono connaturate con l'inconscio e quindi 'immaginalmente' (nel senso di Hillman) anche con il mondo infero-sotterraneo dell'Anima/Psiche[15], il quale si incarna nella corporeità e nella natura (la *zoe* dionisiaca, ovvero la vita della natura che crea, nutre e divora la *bios*, la vita individuale)[16].

A Carnevale il mondo sotterraneo dei morti esprime una sua follia festosa in quanto emersione dell'infero nel mondo dei vivi. Jung considerava l'infero come una metafora dell'oscurità

---

[15] Va osservato che il mondo infero risulta capovolto in modo speculare rispetto al mondo supero (così come nell'immagine dantesca). A Carnevale quindi tutto viene capovolto, giacché esso è la festa del mondo infero che viene in superficie.
Hillman evidenzia il senso archetipico del 'capovolgimento' e fa osservare come la teologia egizia avesse attentamente esaminato la condizione capovolta del mondo infero. Scrive Hillman:
"Gli egizi avevano descritto con minuzia estrema questo mondo rovesciato che sta sotto i nostri piedi. I morti camminavano capovolti, testa in giù e piedi in su: 'Le persone là camminavano con i piedi sul soffitto. Questo comporta la spiacevole conseguenza che, poiché la digestione procede in direzione opposta, gli escrementi arrivavano alla bocca' [J. Zandee]. Il mondo infero è l'inverso rispetto al mondo diurno, e dunque il comportamento sarà invertito, pervertito. Ciò che dalla prospettiva del giorno è solo escrementi (i residui diurni di Freud) diventa cibo per l'anima quando è capovolto (Hillman, 1979 *Il sogno e il mondo infero*, Milano, Adelphi, 2003. P. 55).

[16] Vedi Kerényi, K. 1969 *Dioniso*, Milano, Adelphi, 1992.

dell'inconscio. Le strane creature mascherate del Carnevale sono osservabili come rappresentazioni di contenuti che emergono dall'inconscio. In molti rituali, miti e credenze il 'capovolgimento' è la modalità che fa emergere il mondo infero nel mondo supero.

Così nell'immaginale della collettività (*Anima Mundi*) Carnevale è una personizzazione mitico-terapeutica, capace di dialogare con la follia e la normalità più o meno apparenti, con creatività, solidarietà e libertà.

Ciascuno è libero, ma giocosamente è obbligato 'alla rovescia' dal "Fool e il suo scettro" (Willeford, 1969) a mettere in scena una propria vena di pazzia. Ciò è democraticamente rivoluzionario, in quanto attraverso una *pars destruens* ricreatrice e ribelle libera dalle sclerosi della 'ragion impura', e porta in essa la terapeutica consapevolezza archetipica del 'briccone-mercuriale' (Jung), riarmonizzatrice delle contraddizioni e degli opposti altrimenti insanabili. Allora attraverso l'alchimia popolare del Carnevale il *male comune* invece di restare nascosto sotto la maschera dell'apparire 'normale', viene in superficie per essere riciclato e rielaborato quale concime e 'lato oscuro della forza' per il *bene comune*.

Carnevale nella realtà attuale delle 'realtà difficili'

Per concludere ricordiamo come il Carnevale a differenza del teatro, implica modalità di partecipazione che sregolano e capovolgono i ruoli e che quindi trasformano radicalmente la relazione attore-spettatore, per quanto possa essere interattiva. Il teatro, e in genere l'animazione nei luoghi del disagio psicosociale, hanno ormai una lunga tradizione quale attività creativa, di sostegno, di socializzazione e recupero nelle realtà della sofferenza psicosociale, e ciò con straordinari risultati. Ma la specialità della animazione carnevalesca è quella di reinterpretare una grande tradizione che mette tutti umanamente sullo stesso piano, nella fattispecie: pazienti, infermieri, medici, primari, visitatori e parenti. Va poi considerato che per quanto il Carnevale abbia un copione ripetitivo inerente le tradizioni prefissate dal folklore, esso rispetto al teatro basato su testi, scene e personaggi può essere partecipato in modo più libero e autogestito. Ma una festa di Carnevale riuscita non si basa soltanto sull'improvvisazione e la sfrenatezza, e neppure sui *cliché* dei dolciumi, dei costumi e dei coriandoli. Non di tratta lasciarsi andare in un caos anarcoide all'insegna di una farsa consumistica tra cibo e bevande. Vi è uno 'spirito archetipo del Carnevale' che ispira il gruppo di persone che lo organizza con creatività, altruismo e piacevolezza. Da ciò nasce la 'regia aperta' del Carnevale affinché i suoi effetti energetici positivi, a livello estetico, simbolico e catartico/trasgressivo, possano essere condivisi in un clima di entusiasmo solidale e di creatività collettiva.

Nel complesso l'organizzazione di una festa di Carnevale con un autentico scopo ricreativo e di socializzazione implica un processo di preparazione di carattere parateatrale e di animazione creativa. Nel caso in cui la festa venga realizzata in una realtà del disagio psicosociale si tratta di coinvolgere gli 'ospiti' o i 'pazienti' non solo e non tanto come partecipanti passivi ad una festa, ma come gruppo organizzatore che si apre alla collettività e alla quale propone di partecipare in uno spirito di reciprocità, solidarietà e gioia.

In questa breve dispensa vedremo dunque come organizzare un 'Carnevale psicosocioterapeutico' comporti un notevole lavoro preparatorio di gruppo, non dissimile per certi aspetti da quanto è richiesto dal teatro. Pertanto questa dispensa, nelle seguenti pagine, riporta gli elementi progettuali ed esperienziali messi a punto da un gruppo di operatori e di pazienti per la realizzazione del Carnevale presso un Centro Psicosociale Diurno. Come si potrà osservare ciò che conta non è la festa del Carnevale in se stessa, se non come traguardo di un intenso processo creativo di preparazione, durante il quale si viene a generare uno speciale clima fiduciario e di collaborazione, al di là dei 'normali' ruoli e pregiudizi di facciata. Si tratta di un'esperienza collettiva 'semplice e divertente', ma che per essere realizzata va organizzata seriamente nella sua complessità e nei suoi dettagli estetici e simbolici, così che lo spirito prosociale e liberatorio del Carnevale possa veramente infondere in ogni comunità - anche la più difficile - la sua benefica e propiziatoria vitalità.

CARNEVALE AL CPS

Il caso di un intervento di animazione
carnevalesca, presso il
Centro Psicosociale diurno di
un'Azienda Ospedaliera di Milano *

Condotto da
Pier Pietro BRUNELLI
Psicologo - Psicoterapeuta

---

* Per ragioni di privacy non viene riportata la sede e la
data.

Indice/menu'

Premessa

Il documento propone elementi progettuali per l'impiego dei valori catartici e terapeutici ricavabili dalla tradizione carnevalesca, e sulla possibilità di renderli operativi nell'ambito di particolari contesti e programmi di carattere terapeutico e formativo.

In particolare sono proposti elementi progettuali per organizzare il Carnevale in un Centro Psicosociale Diurno (CPS) per ospiti con problematiche adattive e psichiatriche.

Il CPS è una struttura semiresidenziale con funzioni terapeutico-riabilitative. Ogni CPS di locali per le attività prevalentemente di gruppo e locali per colloqui e visite psichiatriche, collocati in contesto residenziale urbano al fine di favorire i processi di socializzazione e l'utilizzo di spazi ed attività di tempo libero. Il CPS garantisce la presenza programmata o per fasce orarie di personale medico specialistico e di psicologi; la presenza di educatori professionali, personale infermieristico, istruttori in relazione alle attività previste; il collegamento con le altre strutture per la tutela della salute mentale; l'apertura otto ore al giorno, per sei giorni la settimana.

Progetto "Carnevale"

L'intervento è consistito in un'attività di animazione rivolta ai pazienti presso il CPS (che chiameremo anche 'il 'Centro') afferente all'Ospedale [...] .

L'attività è stata presentata ai pazienti come proposta di un corso sull'Arte dell'attore finalizzato alla creazione della festa di Carnevale. Si è dunque svolta la festa in febbraio, con l'impiego di quanto è stato prodotto e appreso durante il corso.

Il corso è stato proposto come una occasione settimanale di partecipazione, affinché tutti i pazienti presenti nel Centro avessero potuto scegliere di partecipare a seconda della disponibilità e dell'umore del momento. In tal modo il numero dei partecipanti per ogni incontro è stato variabile, da un minimo di 4, fino ad un massimo di 14. Vi sono stati almeno 5 pazienti che hanno partecipato con continuità, mentre altri hanno avuto una partecipazione sporadica. In totale, se si considerano anche i pazienti che hanno frequentato gli incontri in modo sporadico, o anche solo in una occasione, i partecipanti sono stati 18.

La modalità di relazione stabilita con i pazienti è stata mirata sin dall'inizio a sviluppare un rapporto amichevole, non impegnativo dal punto di vista dei risultati, focalizzato sul gioco teatrale e l'animazione come esperienze ricreative (su questo punto si veda "Forme della partecipazione"). Tuttavia l'obiettivo di apprendere 'tecniche attoriali e di animazione' è stato pur sempre considerato, in particolare dai pazienti che hanno partecipato con continuità. Inoltre le attività sono sempre state finalizzate a generare creatività e competenze per la creazione di una festa di Carnevale per il Centro.

Tempistica

L'attività di progettazione si è svolta tra settembre e ottobre insieme agli operatori del Centro. Dalla prima metà di ottobre fino a marzo si sono svolti incontri con i pazienti con una cadenza settimanale. Il progetto si è realizzato con la festa di Carnevale a febbraio e si è concluso a marzo con una fase di riscontro del lavoro svolto e dei suoi risultati.

ATTIVITA' ESPRESSIVE
proposte durante gli incontri:

- Movimento espressivo
- Improvvisazione
- Impiego di costumi e travestimenti
- Danza
- Canto
- Impiego di strumenti musicali
- Creazioni con pasta di pane
- Creazione di disegni carnevaleschi
- Creazione di un video carnevalesco

- **Movimento espressivo**

Inizialmente si è sperimentato il movimento delle mani e delle dita. Sono state esplorate le possibilità espressive delle mani, nei gesti della vita quotidiana, nei segnali, nella mimica, ed anche come gioco puramente espressivo (ad es. mani che si aprono come un fiore, oppure dita che disegnano nell'aria).

Comunicazione ed espressione attraverso le mani hanno dato luogo a diversi esercizi individuali e di gruppo. Con l' impiego della musica si è constatato di come le mani e le dita potevano 'gesticolare' come in una danza, e come un direttore di orchestra tiene il ritmo. Questi movimenti sono stati effettuati dapprima da seduti e poi da in piedi, ciò ha consentito di constatare che il movimento delle mani può imprimere una spinta che coinvolge a diversi livelli la corporeità.

Molti movimenti 'manuali' consistevano in simulazioni di lavori e di attività. Ad esempio con le mani si doveva mimare la costruzione di una casa, o fare da mangiare, o fare la legna, o giocare a pallavolo, e così via. Queste 'azioni simulate' hanno comportato l'impiego della corporeità in funzione dell'azione mimica. In certi casi le azioni mimiche 'manuali' comportavano necessariamente una collaborazione di gruppo, come nel gioco della pallavolo, o anche nell'esercizio 'catena di montaggio', nel quale ciascuno simula un movimento lavorativo, come martellare, avvitare, trasportare, ecc.

Partire dalle mani consente di liberare a poco a poco il movimento e quindi di attivare gradualmente una espressività corporea spontanea a livello individuale e di gruppo. Il senso delle azioni con le mani mirava anche a favorire un contatto fisico più disinibito e amichevole, infatti diverse azioni comportavano il darsi la mano, il contatto con le dita, lo sfiorarsi, la carezza, il graffiare, il prendere e il lasciare.

In alcuni incontri abbiamo provato qualche piccolo esercizio di ginnastica di riscaldamento, ma senza troppo successo, poiché i movimenti troppo strutturati di tipo ginnico provocavano molto presto un senso di noia e di stanchezza. I movimenti più graditi riguardavano l'espressività mimica. In tal senso le mani hanno consentito di iniziare la simulazione di diverse azioni che coinvolgevano il corpo, come il volo, la lotta, l'arrampicarsi, giochi, sport e danze.

Improvvisazione

Una volta messe a punto alcune azioni mimiche, costituenti una sorta di frame gestuale, si sono sviluppate azioni improvvisate. In alcuni casi il movimento improvvisato non aveva un senso immediato, come un muoversi spontaneo senza figurazione. Poi si proponeva un 'frame mimico' come ad esempio fare da mangiare, in particolare il 'minestrone', per cui bisognava tagliare verdure immaginarie, prendere pentola e mestolo, individuare fuoco e fornelli, girare, salare, assaggiare: tutto immaginario. Durante questo frame potevano accadere atti imprevisti, ad esempio una volta si è trovata una mosca nel minestrone e la si è buttata via. Ciò ha comportato una mimica facciale di disgusto che è stata più volte ripetuta generando risate e battute divertenti. In un'altra circostanza abbiamo inventato una finta morra svolta con le mani a suon di musica. Ciascuno faceva un segno inventato con le dita e con ritmi sempre più accelerati. Questo ha comportato una piccola zuffa di mani, una specie di battaglia. Al fine il tutto si è concluso con una serie di buffe strette di mano. Queste azioni improvvisate hanno generato un senso di ilarità che doveva servire a individuare azioni comiche, tipiche dell'animazione carnevalesca basata su scherzi e giochi.

Non sempre le improvvisazioni nascevano spontaneamente o da attività ludiche. Come conduttore ho proposto anche alcune azioni che stavano a metà strada tra gioco e rito. Ad esempio una volta abbiamo fatto un girotondo intorno ad una pianta in un vaso e, a turno, abbiamo lanciato su di essa i coriandoli. E' stato poi da me spiegato che i coriandoli rappresentano la semenza che si sparge sulla terra e sulle persone e che feconda la vita: una propiziazione!

Abbiamo spesso inscenato cortei e girotondi. Il corteo carnevalesco è stato realizzato servendosi di un filo di lana al quale tutti restavano collegati. Abbiamo messo in testa alcune lenzuola in modo da creare una specie di serpentone. Alla fine in cinque abbiamo percorso il corridoio, mugolando, un po' lugubri, con l'intenzione di provocare gli operatori, come se fossimo stati fantasmi che vogliono fare un po' paura... poi siamo arrivati alla porta di ingresso e siamo usciti nello spazio antistante al portone, una volta fuori ci siamo abbracciati, abbiamo saltellato e con piccole grida soffocate abbiamo detto 'siamo liberi – siamo liberi – scappiamo – andiamo...'. E' stato molto divertente, naturalmente siamo rientrati poco dopo, ma era come se fossimo usciti un po' più 'al di là' di quella porta...

Altre azioni di questo tipo, tra gioco, rito, scherzo, sono state messe in atto con l'obiettivo di esprimere e di vivere significati simbolici legati al Carnevale (si vedano le sezioni successive).

Impiego di costumi e travestimenti

Per dare alle mani una 'personalità espressiva' più intensa sono stati impiegati guanti di plastica, sui quali è stato possibile disegnare tatuaggi. Questo comportava il dover disegnare anche sulla mano guantata degli altri. Costumi e travestimenti sono stati impiegati circa un mese prima della festa carnevalesca. Sono stati impiegati scampoli di tessuto, cappelli, cravatte, foulard, gilet, piume, bigiotteria e anche oggetti ornamentali tipici di altre culture. Questi oggetti sono serviti all'inizio per creare una improvvisazione basata sul 'mercatino'. Gli oggetti venivano esposti in bell'ordine, bisognava allora sceglierli, trattare l'acquisto, provare ad indossarli in modo inconsueto e carnevalesco. In più di una circostanza attraverso l'impiego di una musica di tarantella l'azione del mercato si trasformava in una danza festosa con il lancio in aria di indumenti e di tessuti. In altri casi alcuni partecipanti individuavano qualche operatore del centro da travestire, si parlava allora di come travestirlo e si tentava di passare all'azione. Qualche volta l'operatore accettava e per un po' veniva adornato con cappellini, foulard, ecc.

I costumi non avevano uno scopo prettamente 'costumistico' (riferito a personaggi o ruoli), infatti sono stati usati come strumenti per generare azioni allegre e partecipative. E' stato adoperato anche il trucco carnevalesco in 'pasta colorata'. Spesso il trucco serviva per truccarsi a vicenda, ma in modo molto leggero, solo con piccoli segni.

Un paziente ha espresso il desiderio di travestirsi da Zorro secondo il più classico copione carnevalesco, ed è stato accontentato. Durante queste 'prove' l'obiettivo era quello di imparare modi per travestire e truccare gli altri, cioè coloro che sarebbero venuti alla festa senza maschere. Ciò che si è sperimentato è che non è facile accettare di travestirsi, le resistenze e le timidezze sono notevoli. Tuttavia al fine, quando si riusciva a sopportare la burla del travestimento, si creava un senso collettivo di euforia e di solidarietà.

Canto

Il canto ha avuto una funzione determinante per generare partecipazione, per disinibire le azioni e per coinvolgere anche partecipanti saltuari o coloro che, in certe fasi, non se la sentivano di impegnarsi con il movimento. Inizialmente abbiamo cantato con l'accompagnamento di chitarra del conduttore (cioè di chi scrive). Il repertorio di canzoni è stato dapprima deciso sulla base di ricordi spontanei, soprattutto di cantautori italiani. Poi ci si è avvalsi dei testi che sono stati prodotti in fotocopie e distribuiti. Anche motivi e ritornelli in inglese sono stati richiesti ed eseguiti nelle strofe principali. Naturalmente i testi classici della canzone italiana sono stati i più eseguiti (ad es. Battisti, Celentano, Baglioni, ma anche Bennato, De Gregori, Cocciante). Ma hanno provocato notevole entusiasmo anche i motivi della canzone popolare, da "Bella ciao" a "La domenica andando alla messa", ecc. Devo dire che alcuni canti popolari, in particolari quelli partigiani e dei lavoratori (ad es. "Bella ciao", "Contessa" – "El Pueblo" degli Inti Illimani), hanno raccolto un particolare entusiasmo da parte di alcuni pazienti che prima erano stati solo spettatori

Gli 'esercizi' di canto non avevano nulla che sembrasse un esercizio, nel senso che ci si ritrovava seduti nei divani dell'angolo 'salottino' della sala a cantare, come un qualunque gruppo di amici.

A questo punto va detto che non tutti i pazienti hanno partecipato nello stesso modo. C'era chi preferiva cantare e chi tenere il ritmo con le mani o con piccoli strumenti, alcuni preferivano ascoltare e cantare solo ogni tanto, altri stavano solo ad ascoltare. Ma in generale il canto coinvolgeva un po' tutti, soprattutto quando un motivo risultava particolarmente gradito, perché era assai noto o perché aveva una certa riuscita. In qualità di conduttore-trainer cercavo di favorire la partecipazione corale al canto, a volte anche chiedendo suggerimenti e preferenze, oppure proponendo più volte il ritornello che sembrava riscuotere maggior gradimento. Durante il canto sono stati impiegati diversi strumenti musicali, dei quali parlerò nel punto successivo. Dopo alcuni incontri è stato adottato un sistema di Karaoke installato su PC con casse portatili. E' stato importante non usare il Karaoke fin dall'inizio affinché l'esperienza del canto si fosse potuta sviluppare con graduale spontaneità e organicità. Il karaoke ha consentito di sviluppare una ulteriore capacità di esecuzione canora, che appariva più tecnica e precisa, e questo nuovo livello è giunto quasi come un premio gradevole e divertente. Grande partecipazione ha raccolto il pezzo "Ma la notte no" di Arbore suscitando ilarità per alcune frasi allusive un po' piccanti. Il Karaoke ha comportato la creazione di un apposito 'setting' che consentisse a tutti la lettura nello schermo del PC. In alcuni casi ciò implicava lo stare in piedi e questo favoriva piccoli passi di danza e il ritmo espresso con movimenti del corpo. In certi casi il karaoke è servito come base alla quale sono stati aggiunti strumenti a percussione, oppure è servito come allenamento per poi eseguire il pezzo solo con chitarra, voce e percussioni.

In occasione della festa di Natale - organizzata come di consuetudine dagli operatori del Centro con la collaborazione di alcuni pazienti - è nata una improvvisazione canora che poi si è sviluppata negli incontri successivi. Si trattava di un motivo semplice e popolare, piuttosto ritmico sul quale ciascuno doveva inserire una rima basata sul suo proprio nome. Trovare la rima non era sempre facile e ciascuno provava a dare suggerimenti. Le rime erano di questo tipo:

Angelo Angioletto, porta gioia e tanto affetto; Massimo con tanto amore ci porterà un bel fiore; Antonia fa il caffè e lo porta pure a te; Alberto un po' furbino ci fa fare un bel giochino: Sara cosa porterà? una sorpresa ci farà; Michele canta e balla e ci fa giocare a palla; Giuseppe Giuseppino ci porta un bel dolcino; e così via con Mauro, Cristina; Gaetano; Ivano; Orietta e altri…

Il canto su suggerimento di Alberto è stato intitolato IL GRAN GALA', il ritornello conclusivo era il seguente:

"E noi siam tutti qua a fare una bella festa, e noi siam tutti qua per fare un gran Galà". Questo ritornello veniva cantato dopo l'ultima rima riferita al sottoscritto conduttore e suonatore di chitarra : *"Pietro porta un ritornello e ci canta sempre quello".*

Si tratta evidentemente di un gioco canoro che però ha avuto un suo significato a livello di training, per far tirare fuori voce, ritmo, e per sviluppare attenzione; infatti la rima personalizzata comportava un intervento singolo a sorpresa, e poi il coro in raddoppio degli altri (in pratica si nominava casualmente un nome e il 'nominato' doveva cantare la sua rima prima da solo e poi in gruppo). Inoltre questo canto si è poi sviluppato ad altri durante i successivi incontri con la creazione di altre rime. Ciò riusciva a strappare sorrisi e partecipazione facendo percepire l'atmosfera carnevalesca che si voleva sviluppare in vista della festa di Carnevale.

Danza

Le attività di danza, con l'accompagnamento di musica registrata di tipo latino-americano sono state occasione di libero movimento o anche di integrazione durante le azioni espressive o nelle attività di mascheramento. Abbiamo allora provato ad eseguire azioni sperimentate – come la preparazione del minestrone o la catena di montaggio sopra accennate – durante la danza, mantenendo il ritmo. In questi casi si sviluppa una danza mimica partecipativa

In altri casi abbiamo provato ad eseguire danze sulla base di passi semplici, ma precisi: danze in girotondo, danze tipo *macarena*, ove una persona fa i movimenti e altri copiano. Particolarmente divertenti sono state danze in fila indiana (trenino) con archi creati con le mani sotto i quali transitare. In diversi casi abbiamo provato a far danzare solo le mani o le dita, per poi trovare ispirazione per forme di movimento con tutto il corpo. Le attività di danza sono state considerate importanti ai fini dell'animazione per la festa di Carnevale. Si è discusso di quali musiche adottare per Carnevale giungendo alla conclusione che bisognava utilizzare il rock, la musica brasiliana e quella latino americana.

Impiego di strumenti musicali

Affinché i partecipanti si sentissero invogliati ad usare gli strumenti musicali veniva preparato un tavolino coperto da un panno colorato sul quale si disponevano gli strumenti in modo ordinato e un po' scenografico. Il tavolino si trovava al centro del circolo formato dai 'cantanti' così che ciascuno poteva prendere uno strumento. C'era chi prendeva i tamburi o i tamburelli e chi preferiva piccole percussioni. Non tutti avevano il 'coraggio' di prendere lo strumento, ma con un po' di insistenza si riusciva ad offrirli quasi a tutti. In effetti si trattava per lo più di piccoli strumenti come *maracas*, bastoncini di

44

legno, campanellini, il triangolo, ecc. Gli strumenti musicali disposti sul tavolino al centro creavano una certa atmosfera di ritualità scenografica, in tal modo coinvolgevano e creavano una maggiore attenzione per le pratiche di canto. Dopo alcuni incontri alcuni pazienti si offrivano di preparare il tavolino dimostrando interesse per la disposizione estetica degli strumenti. In alcuni casi si è adoperata una tastiera e anche un'altra chitarra, poiché due pazienti avevano una certa capacità di usare tali strumenti. In particolare un paziente - con evidenti problematiche posturali e cinetiche - poiché aveva imparato ad usare la tastiera nell'infanzia, ha apprezzato molto di potersi cimentarsi con la tastiera, riuscendo a rielaborare, anche solo con due dita i motivi principali di alcune canzoni.

Creazioni con pasta di pane

Il lavoro con le 'mani' è diventato particolarmente concreto attraverso la creazione di oggetti realizzati in pasta di pane. In particolare sono state realizzate piccole pentolacce, denominate 'pentolaccine', in riferimento alla tradizione carnevalesca. Diversi pazienti hanno contribuito ad impastare la farina, il sale e l'acqua. Poi ciascuno ha modellato una forma. Ho quindi spiegato loro che la 'scodella' è stata probabilmente la prima forma scultorea che l'umanità abbia prodotto, modellandola con l'argilla. Infatti le forme contenitore, per acqua o altri beni da conservare è la più diffusa nei primi manufatti dell'essere umano. Questo racconto ha creato un

45

certo interesse 'archeologico', sostenuto anche dal carattere 'primordiale' della pasta di pane, plastica e malleabile come l'argilla. Mentre si lavorava vi sono state diverse osservazioni, sull'argilla e i sistemi di cottura, i vasellami, gli uomini primitivi, l'arte arcaica. In una prima sessione sono state realizzate parecchie forme, non solo pentolaccine, ma anche stelle, animali, fiori, e sono state poste ad asciugare in un vassoio. Nella sezione successiva queste forme sono state colorate con colori a tempera. Anche la lavorazione del colore ha suscitato un certo interesse poiché i colori sono stati preparati con 'terre', acqua e *vinavil*. Gli oggetti in pasta di pane sono quindi stati colorati e messi nuovamente ad asciugare. La volta successiva sono stati brillantati con il 'vernidas'. La creazione di questi piccoli oggetti è stata vissuta in funzione della festa di Carnevale. Si sarebbe trattato di contenitori nei quali porre piccoli doni o materiali simbolici. E' stato deciso che in uno ci sarebbe stato grano, in un altro farina, in un altro perline, in un altro ancora alcuni bigliettini da leggere. Ma leggere cosa? A questo punto un paziente che fino ad allora era stato un po' in disparte è intervenuto dicendo che avrebbe cercato frasi di autori celebri, proverbi e messaggi di saggezza. Puntualmente, il paziente si è presentato la settimana successiva con diverse decine di bigliettini contenenti frasi, talvolta piuttosto impegnative, di filosofi, saggi e poeti – tutte scritte da lui con PC e stampante. Allora abbiamo realizzato dei rotolini che sarebbero stati offerti a carnevale e li abbiamo posti nella pentolaccia più grande.

Le pentolaccine hanno ispirato diverse proposte di animazione per la festa. Si è pensato di legarle ad un filo e lasciarle sospendere dal soffitto, per poi bendarsi e romperle con un bastone, secondo il tipico rito carnevalesco della 'Pentolaccia". Poi però dispiaceva l'idea di romperle e ciò sembrava anche pericoloso. Inoltre durante gli incontri risultava sempre più evidente a tutti che dovevamo creare noi il nostro carnevale, e quindi che potevamo inventare i nostri giochi, scherzi e temi.

Quando le pentolaccine sono state tutte colorate e asciugate abbiamo fatto un piccolo rito con il canto *Glory Glory Alleluia*. Il rito è stato il seguente: abbiamo posto un po' d'olio in una pentolaccia e un piccolo filo di cotone che serviva come stoppino. Così abbiamo acceso questa sorta di lampada, abbiamo cantato e ciascuno, se voleva poteva esprimere intimamente un suo desiderio.

Alla fine di questa azione abbiamo parlato della tradizione carnevalesca di bruciare qualcosa, ad esempio un fantoccio. Abbiamo allora parlato del significato di questa azione consistente nel bruciare i malanni, le cose vecchie, le paure, le cose di cui ci si vuol liberare. Abbiamo auspicato di realizzare questa azione in un momento successivo o durante la festa di carnevale ma poi ciò non è avvenuto. In effetti non era sempre importante che le cose sperimentate durante il nostro corso, o meglio i nostri 'incontri laboratoriali' avessero poi una loro realizzazione. Contava anche molto immaginarle, parlarne, percepire in modo a volte un po' magico, altre volte più razionale, il significato simbolico che esse avevano, nella tradizione o anche per il gruppo in quel momento.

Va detto che non tutti i pazienti erano in grado di partecipare in modo attivo alla discussione di certi concetti. Così il modo di partecipare a certe forme di espressività e di ritualità, era assai variabile tra i diversi pazienti. Per alcuni era già 'molto' limitarsi ad osservare o ad ascoltare, ma spesso si trattava di un 'attività passiva', in quanto erano notevolmente assorti, incuriositi, interessati. In effetti chi stava solo a guardare non sempre 'interpretava il pubblico', ma faceva parte della scena (si veda il paragrafo sulle 'forme della partecipazione'). Del resto l'allenamento consisteva anche nello stimolare gli altri a coinvolgersi, poiché nostro obiettivo era animare la festa, in particolare quella di Carnevale, ove tutti sono in diversi modi coinvolti nel gioco e nel divertimento.

Creazione di disegni carnevaleschi

L'uso dei colori a tempera si è sviluppato nella creazione di piccoli poster per dare avviso del Carnevale. Qualche immagine è stata realizzata liberamente altre sono state copiate da modelli presi da immagini del Carnevale di Viareggio. Quando finalmente un poster è sembrato soddisfacente abbiamo proposto di utilizzare come 'sponsor' il marchio del giornalino del Centro che è intitolato: "Lo Scarrafone"... io però ho suggerito di ingentilirlo con il nome 'Lo Scarrafino' , e in effetti alcuni pa-

zienti hanno convenuto che in tal modo tale 'be-
stiaccia' risulterebbe più simpatica.

Creazione di un video carnevalesco
(disponibile per visione privata a scopo formativo e di ricerca
su richiesta all'autore).

Sin dai primi incontri è stata utilizzata una videocamera con treppiede e un PC portatile. Ciò ha
consentito di fare alcune riprese e al fine di montare
un video. L'impiego della videocamera è servito
inizialmente per incuriosire e stimolare un interesse
di carattere tecnico-produttivo. Infatti è stato spiegato sin dalla presentazione del corso (fine ottobre)
che avremmo realizzato un video carnevalesco da
presentare durante la festa di Carnevale. Questo
progetto dall'aria 'povera', ma pur sempre 'cinema-
tografica', ha suscitato un certo entusiasmo in alcuni, ma anche una certa incredulità, poiché nessuno
si sentiva all'altezza 'professionale' per un simile
impresa. Io ho cercato di insistere sul carattere 'a-
matoriale' di un'apparecchiatura che molti usano
anche in vacanza o per documentare cerimonie e
ricorrenze. Sin dalla presentazione del 'corso' ho
mostrato quanto fosse semplice realizzare delle riprese con la videocamera. Ho collegato direttamen-
te la videocamera al televisore e ho fatto alcune riprese, così che tutti potessero vedere
nell'immediatezza il rapporto tra ripresa e immagine
in video. Poi sin dai primi incontri ho impiegato la
videocamera e in alcuni casi l'ho fatta usare anche ai
pazienti partecipanti. E' subito emerso un limite

49

creativo, imposto da considerazioni sulla privacy, per cui non si potevano riprendere i volti. Questa necessità ha fatto emergere l'idea di riprendere solo le mani, le maschere e i pupazzi, coerentemente con il Carnevale. Soprattutto ci siamo divertiti a riprendere movimenti e gag con le mani (si veda il paragrafo che parla di 'Movimento espressivo' dove si spiega che l'espressione con le mani ha costituito un punto di partenza disinibente e ludico). Dopo la ripresa guardavamo subito la scena nello schermo del PC portatile. Ciò suscitava un vivo interesse e discussioni sulla musica e il montaggio. Ho mostrato che era possibile facilmente inserire delle scritte e dei titoli, e l'impresa diventava sempre più magica. Tuttavia spesso compariva una certa frustrazione, come se non ritenesse di essere capaci di realizzare questo prodotto video. Questa frustrazione però lasciava il posto all'entusiasmo di fare l'attore, cioè alla consapevolezza che la riuscita delle riprese dipendeva non tanto dal fatto tecnico che avrei curato io come conduttore, ma dalla partecipazione e dall'impegno degli attori. Questa constatazione è stata determinante per ottenere un notevole impegno e attenzione nell'esecuzione e nella ripetizione di movimenti individuali e di gruppo che altrimenti sarebbero risultati banali e troppo infantili. Ad esempio: fingere di giocare una morra inventata con mani guantate, oppure fare la danza delle dita su un tavolino, sarebbe risultato sciocco, privo di senso, anche forse offensivo per alcuni 'attori'. Si immagini poi ripetere questi movimenti senza una ragione plausibile. Invece il constatare che questi movimenti 'servivano' per il video impegnava i partecipanti a realizzarli e ad inventarli. Si è capito che il video sarebbe consistito in una serie di giochi con le mani, anche con l'impiego di burattini e pupazzi. In certi casi i pupazzi bisognava crearli. Ho proposto di crearli con le verdure, dipingendo arance, mandarini, finocchi con semplici pennarelli. In altri casi sono stati adoperati burattini per le mani, ma anche solo per le dita. Le mani sono così diventate un veicolo espressivo da sole, o con un' costume apposito (guanti, trucchi) o anche come motore di pupazzi e oggetti. Abbiamo ricordato la scena di Chaplin che fa muovere i panini con la forchetta, i gesti di Totò, i giochi che i bambini piccoli fanno con le mani. Tutto ciò sembrava utile al fine di creare diverse scene per il video. Un gesto che si fa molto con il dito indice è il segno NO, allora nel palmo della mano abbiamo scritto SI, così un'azione consisteva nel dire NO con il dito e poi SI' aprendo ritmicamente la mano. Questi giochi suscitavano particolare ilarità quando venivano visti in video e se non funzionavano esteticamente o come ripresa li si ripeteva. Nei primi incontri abbiamo cercato di sperimentare ogni possibile movimento con le mani. Una scena impegnativa è stata la partita a carte nella quale si recitava di imbrogliare passando le carte sotto il tavolo. Bisognava riprendere solo le mani con le carte. Poi una mano con una carta andava furtivamente sotto il tavolo incontrava la mano di un altro giocatore pronta a ricevere la carta 'illecita'... In una seconda scena chi cercava la carta sotto il tavolo riceveva invece di questa un mazzolino di fiori finti.

Ad un certo punto abbiamo realizzato un discreto numero di riprese e le abbiamo visionate insieme, anche con chi non aveva partecipato. Ho proposto il titolo che è stato accolto con ilarità per i suoi doppi sensi: "UN CARNEVALE MANESCO". Sono nate alcune frasi metaforica che ho poi inserito nel video. Ci siamo chiesti cosa si può esprimere con la parola 'mano'. Sono venute fuori frasi di questo tipo: "W tutti quelli che si danno una mano" ; "Carnevale con il cuore in mano"; "Manona e manaccia"; "Una mano lava l'altra"; "Mani Pulite"; "Starsene con le mani in mano" ecc. Guardando il video sono venute fuori altre battute didascaliche come "Mani che imbrogliano" (nella scena del gioco di carte); "Mani che giocano"; "mani che applaudono" "Noi giochiamo con le mani, dai gioca anche tu?" "Mani furbette". Tutti questi materiali sono stati impiegati nel montaggio video, e a infine il 'prodotto è stato 'amatorialmente' soddisfacente, con tanto di titolo, code finali, e musica. Le musiche le abbiamo scelte dai pezzi brasiliani che abbiamo impiegato nelle danze.

La partecipazione dei pazienti in questo video è stata effettivamente attoriale (almeno nel senso del 'teatro d'animazione'), ha dato contributi alla sceneggiatura, ai testi, alla scelta delle musiche. Naturalmente io ho curato la regia e il montaggio ed ho quindi posto gli aggiustamenti e riempitivi per ottenere un prodotto/documento tecnicamente e creativamente accettabile. E' stato spiegato sin dall'inizio che si trattava di un videoclip, che quindi non c'era una vera e propria storia da narrare, ma solo una serie di scenette per far divertire durante la festa di carnevale. Il nesso tra le varie scenette era dato dal 'gioco di mani'. Il video sarebbe stato proiettato durante la festa come sfondo visivo e sonoro per animare il Carnevale, senza avere la pretesa di attrarre l'attenzione del pubblico in modo riservato alla visione. Quindi la fruizione del video nella festa si è svolta come previsto. Il video è stato proiettato più volte come videoclip: musica, colori, battute divertenti sullo schermo in grande hanno contribuito ad animare la festa senza però catalizzare l'attenzione solo sulla fruizione del video.

PARTECIPAZIONE/STILE RELAZIONALE
Discussioni, progettazioni e animazione

In ogni incontro ci sono stati momenti dedicati alla discussione per dare un senso all'attività dell'incontro e del progetto nel suo insieme. Dopo i primi incontri è stato chiaro che gli obiettivi erano di due tipi: il primo tipo di obiettivo era quello di trascorrere qualche ora in compagnia per rilassarsi in modo creativo, ed è quindi venuto fuori il concetto di 'arteterapia'; il secondo tipo di obiettivo riguardava l'apprendimento di tecniche di animazione finalizzate alla creazione della festa di Carnevale.

Per quanto attiene il discorso sull'arteterapia' è emerso che l'arte dovrebbe essere qualcosa che favorisce la libertà di espressione e che quindi il suo effetto terapeutico poteva consistere nel liberarsi, almeno un po', di certi vincoli sociali a di certi stati d'animo. L'arte può diventare terapeutica quando non è costrittiva rispetto ad un prodotto, come nel caso di un lavoro o di un progetto di mercato, in tal senso la sua eventuale 'terapeuticità' si manifesta nell'avvicinarsi al gioco, pur differenziandosene perché si vuole esprimere qualcosa per sé e per gli altri. Così l'arte essendo libera, distrae e fa trascorrere il tempo in modo piacevole, ma a patto che piaccia, che sia cioè capace di interessare la persona, la quale in tal modo smette per un po' di pensare ai suoi problemi. Poiché il nostro obiettivo era riferito a questo modo di ricercare un effetto ricreativo e arteterapeutico dell'arte, non ci interessava cercare di essere perfetti, particolarmente bravi o fare qualcosa di molto speciale. D'altra parte questa ricerca si collegava al discorso del carnevalesco dove non conta saper fare chissà che cosa, ma divertirsi, essere spontanei, giocare, fare amicizia. Dunque il secondo obiettivo, quello di preparare la festa di Carnevale, era consequenzialmente connesso al primo. Per cui se noi riuscivamo a stare insieme divertendoci in modo spensierato e coinvolgente saremmo riusciti a trasmettere questo stato d'animo anche agli altri durante la festa. Tutto questo però non è così facile, poiché coinvolgere se stessi e gli altri attraverso la comicità, la danza i canti, è un processo esperienziale che va preparato, perciò bisognava anche impegnarsi.

L'impegno per preparare il Carnevale ha comportato riflessioni su cosa fosse il Carnevale, nelle sue origini e nei suoi significati e valori più autentici. Abbiamo guardato un video sul Carnevale di Viareggio, e poi abbiamo parlato di ricordi sul Carnevale di quando si era bambini. Abbiamo osservato insieme che a Carnevale compaiono molti aspetti mostruosi ed esagerati, ma che fanno ridere quando si comprende che questi servono per creare scherzi e sono proposti provocatoriamente in mezzo a tanti colori, musiche, cose buone da mangiare.

Quindi si è discusso più volte sul senso del Carnevale e della festa in generale, ma anche del teatro di animazione inteso come 'incontro umano'.

E' risultato chiaro che il Carnevale comporta due livelli di partecipazione, quello di chi lo prepara e quello di chi vi partecipa. Il nostro gruppo era quello dei preparatori e ad un certo punto - Alberto – ha sentito l'esigenza di dare un nome al gruppo. Poiché ha passione per le lingue si è industriato di trovare in brasiliano una parola significativa ed ha tirato fuori TRAINEDOR (cioè 'gruppo trainante'). Alcuni pazienti hanno intravisto in tale 'nome' la possibilità di dare vita ad un gruppo di animazione per feste e per cabaret, ma questa ambizione è sempre stata da me ridimensionata, cercando di dar valore al significato dell'esperienza 'nel presente' e rispetto al Carnevale che si doveva organizzare – "L'importante" dicevo " è stare bene insieme e imparare qualcosa per stare bene insieme adesso e per la festa... poi si vedrà". D'altra parte non avrei potuto proporre una evoluzione del 'corso' poiché non sapevo se ciò fosse stata una prospettiva ipotizzabile rispetto alla organizzazione del Centro Diurno.

La relazione con i pazienti e tra i pazienti

Sin dall'inizio ho improntato la relazione con i pazienti secondo uno stile amicale ed informale. In effetti a me ha fatto molto piacere lavorare a questa esperienza, nonostante sia stata piuttosto faticosa e impegnativa. I pazienti mi hanno dato molto anche perché mi pare abbiano apprezzato il mio approccio schiettamente paritario e nello stesso tempo di guida. Voglio dire che mi sono comportato con loro cercando di non determinare un'idea di dualità terapeuta-paziente e questo, per il tipo di lavoro che dovevo fare mi pare che abbia funzionato. Credo sia importante che i pazienti, di diversa natura, possano relazionarsi all'interno delle strutture terapeutiche con operatori che riescono a proporre un livello relazionale tendenzialmente paritario e amichevole. Del resto io non ho ricevuto informazioni cliniche specifiche sui singoli pazienti, mi sono allora dovuto relazionare con loro soltanto rispetto a quello che potevo vedere ed intuire dai loro comportamenti ed atteggiamenti, spesso assai diversificati. Ho cercato di fare un'esperienza di integrazione con loro, facendo leva anche sulla coscienza dei miei stessi lati problematici, quasi che in certi momenti avrei potuto anch'io sentire sensazioni simile alle loro. Cercavo allora di 'comprendere', amplificando nella mia percezione interna, stati d'animo e sentimenti che mi sembrava di intuire in certi pazienti. Si tratta di emozioni, pensieri, sensazioni assai diversificati che qui posso descrivere solo come: tristezza, ansia, agitazione, chiusura e distacco, confusione. La scelta di ricercare una sorta di empatia con i pazienti attraverso il tentativo di sondare al mio interno certe disfunzionalità sul piano emotivo ed affettivo è stata per certi aspetti favorita dal tema del Carnevale. Infatti il Carnevale è anche la cosiddetta 'festa dei folli', dove entro certi limiti, cioè attraverso un 'decontrollo controllato', si può tirar fuori la propria ombra, mostrare le debolezze, diventare *puer*... Il Carnevale, in qualsivoglia occasione, anche in un Centro per la salute psichica, non è compatibile con un atteggiamento meramente disciplinato, rigoroso, prudente; pur senza esagerare esso richiede sempre di essere almeno un po' scanzonati, provocatori, persino turbolenti e in definitiva 'un po' matti...'. Per questa ragione il Carnevale è un'occasione che consente di avvicinare la relazione con i pazienti a diversi livelli di empatia e di comunicazione. Ho quindi cercato di immedesimarmi in questo stato d'animo carnevalesco particolarmente favorevole per ascoltare e creativizzare gli aspetti 'devianti e morbosi' della natura umana, e ciò è servito a creare una relazione più fluida e più simpatetica con i pazienti.

E' successo anche, in un paio di incontri, che per motivi miei personali non mi sentivo tanto allegro e carnevalesco, allora 'quella volta' mi sono un po'

aperto con due pazienti, e ho detto loro: "Non so…
oggi mi sento un po' giù…". Sono stato assai sor-
preso e contento quando Alberto e Michele hanno
sorriso e mi hanno esortato con frasi di questo genere: "Dai allora cantiamo prendiamo la chitarra e
gli strumenti!". Un'altra volta invece ero un po' agi-
tato, avevo voglia di muovermi, sentivo una certa
tensione… allora ho detto un paziente (il quale mi
aveva precedentemente confidato di essere soggetto
a crisi di agitazione): "Oggi mi sento un po' irrequi-
eto, troppa energia', ho voglia di muovermi", e lui
mi ha risposto: "Ma Pietro? Lo dici a me?" e io gli
ho detto "Eh sì che cosa posso fare…?" – Lui non
mi ha risposto, ha scosso la testa e con un mezzo
sorriso sornione, si andato a sedere sul divano, in
posa molto distesa con le braccia aperte, osservan-
domi. Era come se il fatto che anch'io potessi provare una sensazione sgradevole che lui conosceva
bene lo potesse per certi aspetti tranquillizzare. Allora ho pensato che non sarebbe stato bene tran-
quillizzarmi subito anch'io sul divano, e che dovevo
mostrargli la possibilità di cercare una qualche solu-
zione, così ho detto: "Ecco sì! Faccio un po' di ginnastica, un po' di movimento fisico", e così ho fatto. Da quella volta la relazione con il paziente (dia-
gnosi di schizofrenia), dotato di ottime capacità
critiche e intellettive, è diventata più aperta e collaborativa (era lui che richiese il travestimento da
Zorro).

Ho osservato che nel corso degli incontri i pazienti hanno sviluppato tra di loro un atteggiamento più
solidale e una capacità di attribuirsi ruoli particolari.

Ciascuno assumeva una qualche caratteristica creativa e collaborativa specifica: quello che canta, che balla, che aiuta a preparare, che fa battute burlone, che fa da spettatore o che parla di più. I ruoli tendevano a configurare una relazione di gruppo più produttiva e solidale verso il raggiungimento di specifici obiettivi creativi.

Una paziente – Sara – tendeva spesso a voler andar via, ma veniva altrettanto spesso trattenuta dagli altri, o anche dal fatto stesso di ritrovarsi a svolgere qualche attività che alfine la incuriosiva, soprattutto il canto e il lavoro con la pasta di sale. A Sara è piaciuto moltissimo il travestimento da sposa con i veli bianchi e i fiori d'arancio, soprattutto lo ha vissuto come un gioco fantastico, come una fiaba, senza rivelare atteggiamenti nostalgici e relativi sentimenti di perdita, ma proprio come una fiaba vissuta con una fascinazione infantile... Quando qualche azione derivava da un'autentica giocosa fantasia di qualcuno gli altri lo aiutavano con ruoli secondari o con l'applauso. Alcuni pazienti si sono coinvolti nel gruppo solo dopo diversi incontri, durante i quali si è costituito una sorta di gruppo esteso, fluido, non ben definito. I pazienti che hanno incominciato a partecipare in modo fluido e disimpegnato solevano starsene in sala giocando a carte o a ping pong o solo semplicemente seduti sul divano. In effetti il gruppo di pazienti più continuativamente impegnato, formato da 4-5 persone non ha usufruito di uno spazio di lavoro riservato, proprio perché la scelta è stata sin dall'inizio di lavorare in un ambiente ricreativo comune, ove fosse possibile permanere anche senza partecipare al 'corso'. Questo provocava in parte diverse difficoltà, poiché si vengono a creare diversi tipi di blocchi nel fare certi esercizi attoriali, come cantare, danzare, in uno spazio ove ci sono osservatori o persone che fanno altro. Tuttavia poiché si doveva imparare come 'animare e coinvolgere' questa difficoltà, di non avere uno spazio riservato, ma relativamente pubblico, è stata vissuta come una sorta di 'banco di prova'. Del resto certi pazienti avevano soltanto voglia di osservare la presenza di altri che cantavano o che preparavano qualcosa per il Carnevale. Poi però alcuni di loro sono stati coinvolti, ad esempio quando abbiamo giocato partite di *ping pong* finte, senza palline, quando abbiamo giocato a calcio da sala con una palla di carta pesta, quando con una cintura elastica da ginnastica abbiamo creato una megafionda con cui lanciare la palla, o quando abbiamo giocato a pallacanestro simulando azioni e sfruttando un cestino tenuto a turno in alto con le mani… queste azioni da burlesche olimpiadi hanno dinamizzato molto le attività e hanno coinvolto anche i più 'pigri' ai quali arrivava ogni tanto una palla da giocare, un canestro da tenere, una immaginaria racchetta da tennis da far roteare e così via…

Ma l'aspetto '*puer*-carnevalesco' veniva poi recuperato da un fattore '*senex*' di responsabilità verso la preparazione del Carnevale, cioè dal fatto che anche nella giocosità infantile adoperavamo tecniche e vi erano momenti di riflessione. L'impegno e la serietà venivano evidenziati da un certo parco di strumenti musicali, colori, testi, canti, videocamera, computer.

Del resto era anche chiaro che i nostri 'incontri-corso' facevano parte di un dispositivo ricreativo messo a punto all'interno del Centro Diurno, e che quindi avevano una finalizzazione socializzante e in una qualche misura anche terapeutica.

Dunque la relazione tra il conduttore e il gruppo e nel gruppo è stata mediata da fattori psicocorporei che si compensavano sull'asse *senex-puer*, e che si esprimevano attraverso il linguaggio del corpo, il canto, la teatralità e il gioco carnevalesco. Tutto ciò nell'umiltà, nella dimenticanza momentanea delle distanze paziente-terapeutica, nella ricerca di una relazione autentica. Ho sempre pensato che quello che proponevo e che facevamo insieme faceva bene anche a me, ed ho quindi vissuto l'esperienza anche come uno scambio di umanità, pur avendo la con-sapevolezza della mia responsabilità di conduttore, responsabilità che i pazienti mi hanno sempre ri-spettosamente riconosciuto.

LA FESTA DI CARNEVALE
(Centro Psicosociale Diurno Ospedale di Milano)

Finalmente arriva il giorno della festa di Carnevale!
E' una consuetudine nel Centro Diurno festeggiare
la festa di Carnevale e anche le altre feste tradizionali, come il Natale e la Pasqua insieme ai pazienti.
Questa volta però, per il Carnevale c'è stata una
particolare preparazione. Dunque si sono generate
anche maggiori aspettative. Tuttavia il clima di partecipazione è già fortemente collaudato, infatti gli
operatori del Centro sanno benissimo cosa c'è da
fare per preparare la struttura di base della festa:
decorazioni, musica, cibo. Inoltre, in questa occasione, il nostro gruppo 'Trainedor' avrebbe provve-
duto 'al resto', cioè l'animazione, che a Carnevale è
una questione fondamentale. Sin dal pomeriggio
abbiamo preparato i nostri materiali e le nostre sce-
nografie. Dopo aver deciso come disporre la mobi-
lia nel salone in modo da consentire varie attività,
inclusa quella di preservare una zona salottino per
chi avrebbe preferito starsene passivamente seduto,
abbiamo iniziato a disporre vari materiali e strumenti 'di lavoro'. Poiché era stato previsto anche un
piccolo set fotografico per foto in maschera, una
parete della sala era riservata a luci treppiede, macchina fotografica, ecc. Sulla parete contigua, si poteva allora proiettare il video "Un carnevale manesco" e su un banchetto si potevano riporre le casse
per l'amplificazione del sonoro a base di sambe e
canzoni brasiliane. Su un tavolino sono stati disposti 'materiali per travestimento': trucchi, stoffe, ma-

scherine, mantelline, parrucche e piumaggi ecc. Naturalmente dappertutto c'erano coriandoli e stelle filanti in quantità, ma in un tavolino speciale c'era qualche gadget-scherzo carnevalesco (schiume, un uovo sodo di gomma, carte truccate, giochi di prestigio, ecc.). Vi era poi un piccolo specchio per potersi truccare e mascherare. Su un altro tavolino erano disposte le 'pentolaccine' ed altre piccole creazioni in pasta di sale. Nelle 'pentolaccine' c'era mais, riso, farina, spilline decorative, piume, ma soprattutto i rotolini di carta contenenti proverbi e frasi di saggezza. In un altro tavolino contiguo c'erano gli strumenti musicali, piccole percussioni che dovevano servire anche ad accompagnare la musica in stereo e renderla 'live'. Vi era poi un grande banco con i cibi e le bevande. Festoni e decorazioni abbondavano, e tra questi spiccavano 'per autenticità' i nostri disegni-manifesto sul Carnevale. Una pianta era stata cosparsa di stelle filanti e molti fiori recisi erano disposti nella sala e in particolare sul banco dei travestimenti. Su un filo pendente da alcuni elementi del soffitto e delle pareti abbiamo posto molte coroncine fatte con edera e nastrini. Queste coroncine hanno avuto un ruolo molto importante nell'animazione carnevalesca. Va ricordato che l'edera è la pianta sempreverde di Bacco, simile all'uva rampicante. L'edera è l'unica pianta che nel periodo invernale fa salire le sue foglie verso l'alto arrampicandosi sui tronchi degli alberi e le pareti, e sembra voler porre le sue radici verso il cielo. In tal modo l'edera fa contrasto con le 'forze' della natura che in inverno vanno verso le profondità della terra. Questo contrasto vitalizzante e trionfale viene assunto da Dioniso/Bacco come segno del trionfare dell'energia vitale perenne (che i grci chiamavano Zoe) nel tempo invernale della morte e del letargo. Così, le corone di edera, simili a quelle dei pampini di uva, costituiscono una iconografia tipica della beatitudine carnevalesca e conferiscono a tutti un aspetto bucolico, divertente e anche un po' nobile. Di conseguenza tutti, più o meno, accettano di farsi cingere il capo con una corona di edere, poiché questa rende affatto goffi o ridicoli, e in qualche modo dà un risalto piacevole alla propria immagine (probabilmente perché ciò viene anche assimilato all'iconografia del mito Apollo-Dafne che diede luogo all'uso di cingersi il capo con corone di lauro in segno di esaltazione poetica, sapienziale e di vittoria).

La festa iniziava verso le 18,00, senza un preciso momento di apertura, così si è andata sviluppando un po' alla volta, senza forzature.

Il video è servito a colorare la parete e a fare musica, ma anche a suggerire il clima scherzoso del carnevalesco. Un po' alla volta sono arrivati diversi pazienti e operatori, e ad un certo punto c'erano sicuramente più di 50 persone.

L'escalation energetica della festa si è sviluppata in un crescendo ritmico particolarmente riuscito ed armonioso. Non vi sono state forzature, danze, giochi, scherzi si sono susseguiti con spontaneità e con una partecipazione collettiva effettivamente gaudente e disinibita. Operatori e pazienti si sono davvero divertiti. Un po' alla volta gli astanti hanno accettato

64

di truccarsi e di indossare mascheramenti. A chi piaceva farsi fotografare poteva approfittare dell'apposito set fotografico. Un piccolo pallone di gomma ha attivato alcune esibizioni para-calcistiche piroettanti intorno a chi preferiva ballare. Alcuni pazienti hanno collaborato a favorire i trucchi, le maschere ai pazienti, raccogliendo viva partecipazione soprattutto con le sopraccitate coroncine di edera. Girotondi e danze a volte effettivamente sfrenate hanno fatto ridere e sorridere, mentre cibarie e bevande (per nulla alcoliche) sono state consumate con la tipica gaudente golosità del Carnevale. Talvolta piccoli strumenti a percussione veniva adoperati per accompagnare musiche registrate, ciò è molto efficace per generare un clima di maggior autenticità e di entusiasmo. Ho visto gli occhi di alcuni pazienti brillare, ho provato grande gioia quando mi è sembrato che qualcosa di bello e di amorevole avesse toccato la loro mente e il loro cuore. Forse Carnevale è davvero una Via antica che possiamo riesplorare per rigenerare attraverso la festa. La creatività e la partecipazione, l'energia vitale nell'individuo e nella comunità.

Pier Pietro Brunelli

L'arte di organizzare il Carnevale

E' un corso di Teatro della Partecipazione...
per divertire, comunicare e star bene!

Cosa si fa e che cosa si impara nel corso?
I partecipanti al corso potranno apprendere le tecniche
del Teatro della Partecipazione basate sulla festa, sul
racconto, sulla danza, sul gioco e su Carnevale. Attrici
e attori del Teatro della Partecipazione imparano e
propongono canti danze storie, giochi per coinvolgere
il pubblico, farlo divertire e partecipare.

Proposte e obiettivi del corso
Il corso propone una ricerca creativa sulle feste che
sono tipiche dei mesi
dell'anno, per riscoprire le tradizioni popolari in modo
nuovo e moderno.
Al termine del corso i partecipanti creano una origina-
le festa di Carnevale,
con speciali azioni di Teatro della Partecipazione, per
coinvolgere gli invitati e creare una atmosfera di arte,
amicizia e libertà!

Abbigliamento, materiali e strumenti impiegati nel corso

Ai partecipanti è consigliato di portare vestiti comodi, adatti al movimento, e anche una coperta per potersi sdraiare e sedere comodamente.

Durante il corso sono impiegati colori, strumenti musicali, carte e anche materiali provenienti dalla natura, come terra, rami, foglie, bacche

La maschera che s-maschera!

Il corso si basa sulla spontaneità. Non occorre alcuna speciale abilità tecnica per partecipare, ma soltanto la voglia di esprimersi e di stare insieme.

Durante il corso ciascuno potrà inventare la sua 'maschera bella' e/o la sua 'maschera brutta', ma il vero obiettivo sarà quello di farle stare insieme, perché a CARNEVALE dietro ogni maschera c'è sempre la voglia di rinascere e di propiziare la vita, la società e la natura in cui viviamo…

Durata del corso

Il corso impegnerà gli allievi per due ore settimanali (lunedì ore 16,45 -18,45) ma richiede anche qualche piccolo impegno creativo da svolgere per conto proprio durante la settimana (ad es. un disegno, la preparazione di un canto di una poesia, ecc.). Il corso inizia a novembre e si conclude a marzo, in seguito alla festa di Carnevale che coinvolgerà tutti gli ospiti del Centro coloro che vi lavorano, gli amici e i parenti.

Questo 'libretto' è stato realizzato in occasione degli incontri sul tema:

CARNEVALE COME CURA DELL'OMBRA COLLETTIVA. NELLA COMUNITA', IN ANALISI E IN PSICHIATRIA

Conferenze di Pier Pietro Brunelli
(Psicologo-Psicoterapeuta di orientamento junghiano)

Presentazione dei suoi libri: *Carnevale e Psiche* (2008) e *Carna e il Carnevale delle donne* (2012)

MILANO martedì 26 gennaio 2016 ore 20
Casa della Psicologia P.zza Castello 2
(Ordine degli Psicologi della Lombardia)
ROMA venerdì 29 gennaio, 2016 ore 20
Millepiani Coworking Via Nicolò Odero, 13

(Ingresso libero)

Carnevale e psiche (2008) è un libro per conoscere il Carnevale attraverso uno sguardo 'psicoculturale' che si apre sul 'mondo interiore'. Si tratta di una visione particolare volta a cogliere i significati simbolici, mitici e archetipici del Carnevale attraverso un percorso che costeggia gli studi etnogra-fici, storici e culturalisti, per protendersi verso le profondità dell'Anima-Psiche e dei suoi aspetti d'Ombra. Muovendo da Jung ed Hillman, con cenni a Freud e a altri grandi studiosi, il libro prende in analisi i temi della maschera, del riso, degli aspetti oscuri e burleschi del carnevalesco 'mondo infero' che viene in superficie nella forma di una festa trasgressiva e rigenerante. I caratteristici temi della sessualità, della morte e della rinascita, del capovolgimento anarcoide, dell'ostentazione della follia, delle abbuffate e di ogni liceità sono considerati come espressioni di una buffonesca ma scaltra alleanza tra Dioniso e Mercurio. Questi due 'maestri mitici del Carnevale' hanno però il sostegno e l'assenso di altre divinità mitiche come Saturno, Ecate, Demetra e Persefone, Giove, Pan, considerate espressioni di tratti archetipici della natura umana.

La tesi di fondo tende a capovolgere il comune modo di pensare al Carnevale in quanto festa rivolta al mero recupero dei piaceri e dei diritti della carne, considerando invece il suo carattere 'patologizzante' volto a 'fare anima' nell'individuo e nella collettività. L'Anima, nella sua essenza archetipica femminile, ribalta psicoculturalmente il dominio dell'uomo sulla donna, nonché la logica di ogni potere dominate.

Carnevale è una festa 'profana' che ha in sé i resti di una sacralità pagana volta a confrontarsi con gli aspetti occulti dell'ombra e del male al fine di celebrare il bagliore del primo sole sulle tenebre (quelle dell'inverno, ma anche quelle del 'mondo interiore'). In tal senso il libro considera la conoscenza e la pratica del Carnevale come un'opportunità straordinaria per scoprire fattori e processi profondi della natura umana, assai significativi in campo psicoterapeutico, formativo, sociale ed artistico.

La cultura popolare del Carnevale si esprime in forme locali assai differenziate, ma nell'insieme celebra la necessità di una rielabora-zione energetica del corpo sociale e dell'inconscio collettivo.

Carnevale è una festa della vita e della società conviviale, che celebra 'allegramente' l'accettazione della morte, in quanto questa è indispensabile per il procedere della vita stessa nell'avventura umana

Carna e il Carnevale delle donne –(Lithos, 2012) segue a *Carnevale e Psiche* (Moretti & Vitali, 2008) – si sviluppa come stu-dio dedicato al princi-pio di sapientia femminile che sorregge la cultura salutare e conviviale del Carnevale. Viene percorso il continuum Carnevale-Quaresima come processo di trasformazione rigenera-tiva della psiche individuale e collettiva. In modo spe-cifico viene proposta una riflessione sulla psicomitolo-gia del riso femminile in chiave archetipica junghiana. Si apre un excursus che attraversa molte questioni ri-guardanti la donna nell'anima, nella società e nella storia: la coppia, il matrimonio, la sessualità, il parto, l'amore, la danza, l'immaginazione, l'autostima, il conflitto interiore e con gli altri, la guarigione... Il Carnevale esprime una forza anti-misogina sotto l'egida della sapienza selvatica e lunare di Artemide ed Ecate e del loro corteo di ninfe magiche, creative e indipendenti, tra le quali Carna. Da ciò viene affermata l'ipotesi che la parola Carnevale derivi dalla ninfa/dea Carna, carissima ai romani in quanto protettrice degli organi vitali, dei neonati e capace di allontanare gli incubi. Dunque, il femminile nel Carnevale è conside-rato secondo la 'ninfomania' immaginale delle ninfe, che si colloca ad un livello più profondo rispetto alla carnevalesca follia orgiastica delle Baccanti. Si resta toccati da un' originaria 'sapienza ridente' femminile espressa dalle ninfe, ma anche da Sara, Baubo, Beatrice, ed in ultimo dalla più misteriosa femme fatale di tutti i tempi (qui la lasciamo 'mascherata'). Questo libro si rivolge a coloro che vogliono approfondire il senso di una grande 'tradizione-antitradizionale', la quale esorta ad armonizzare la relazione uomo-donna, nella convivialità e nella libertà.

Pier Pietro Brunelli, (2012) *Carna e il Carnevale delle donne. Psicomitologia del riso e del sapere femminile*. Roma: Lithos Editrice. **Primo Premio Kafka 2015** Recensione on line di Rita Mascialino

Nota sull'autore

Pier Pietro Brunelli è Psicologo-Psicoterapeuta, semiologo e specialista della comunicazione (con una prima laurea al DAMS con il Prof. Umberto Eco e una specializzazione/dottorato in Università Cattolica). Lavora come psicoterapeuta di orientamento junghiano a Milano e a Roma. Ha una lunga esperienza nel campo delle attività parateatrali e di animazione a scopo formativo e di crescita personale. Coordina il blog del Collettivo culturale www.albedoimagination.com che offre articoli di psicologia, arte, cultura e ospita forum di auto-aiuto assistito (oltre 10.000 visite mensili).

Ha pubblicato articoli, saggi e libri (personali e collettivi) con i seguenti editori:

Allemandi, Arcipelago, Bulzoni, Carocci, Edizioni Scientifiche italiane, Feltrinelli; Lithos, Lulu, Moretti & Vitali, Ikon, Progetto Editrice, Pedagogika, Sagep; UPSEL (nella pagina accanto alcune copertine).